KB218822

무량공덕 사불

觀世音菩薩四二手呪

窓

무량공덕의 기도

경전 중에 천수천안관세음보살광대원만무애대비심대다라니경이 있습니다. 관세음보살이 상주하고 계신다는 보타락가산(백화도량)에서 석존을 모시고 열린 법회에서 관세음보살께서 우리가 자주 외고 있는 천수대비주(천수천안관세음보살광대원만무애대비심대다라니)를 설하시고 그 유래와 지송법을 말씀하신 경전입니다.

천수천안관재자보살님은 천의 눈으로 살피고 천의 몸을 나투어 천의 손으로 중생을 구제하십니다.

관세음보살께서는 천수대비주와 별도로 42가지의 주문을 설하시는데 이러할 때는 이런 주문을 외라고 하시면서 42가지의 주문을 설하셨습니다.

경전에 각 42수주 진언별로 관세음보살님의 손모양이 그려져 있고 그 손을 보면서 각 진언을 외라고 합니다. 그래서, 손수, 주문 주(呪)자를 써서 42종류의 42가지의 손모양을 보고 외는 주문이라는 뜻에서 42수주라고 하는 것입니다.

누구라도 일심으로 이 주문을 외우면 무엇이든 원하는 대로 이루어지게 하시는 관세음보살님은 신통력이 구족하사 걸림이 없고 저 많은 방편의 지혜를 널리 닦아 시방세계 국토마다 여러 가지 몸을 나투어 중생들의 모든 원을 성취시키는 보살이십니다.

사불의 의의

 불교 신앙은 기본적으로 부처님의 말씀을 기록해 놓은 경전을 중심으로 이루어지지만 다양한 신앙적 체험을 통해서도 이뤄집니다. 불교적 신앙의 내용을 압축하여 그림으로 표현해 사람들이 쉽게 경전의 내용을 이해하고 종교적인 체험을 할 수 있도록 도와주는 불화는 불탑, 불상, 불경 등과 함께 불교신앙의 대상으로 여겨져 왔습니다. 이런 까닭에 예로부터 경전의 말씀을 한자 한자 옮겨 쓰는 사경과 더불어 부처님의 형상을 그리는 사불(寫佛) 또한 불교 수행법의 하나로 전해 내려왔습니다.
 요즘 신심을 고취하는 방편으로 직접 불화 그리는 법을 배우는 불자들이 늘어나고 있습니다. 실생활 속에서 수행으로 삼아 불보살을 그리고 거기에 색까지 입히면 더없이 수승한 공덕이 될 것입니다.

사불 방법

1. 사불을 시작하기 전에 주위환경을 정돈하고, 몸과 마음을 바로잡아 호흡을 가다듬는다.
2. 합장하여 간단히 삼배를 올리거나 개경게를 읽는다.
3. 마음을 모아 한 붓 한 붓 정성껏 붓을 옮겨가며 부처님을 그린다.
4. 사불을 마친 다음 합장하고 모든 생명들을 위해 부처님께 발원한다.
5. 완성된 사불은 모아서 불전에 올린다.

1. 여의주수진언(如意珠手眞言)

옴 바아라 바다리 훔 바탁

가지가지 많은 보배 재물을 얻기를 원하거든 일심으로 이 진언을 외우시오.

2. 견색수진언(羂索手眞言)

옴 기리나라 모나라 훔 바탁

마음이 초조하고 불안하여 안락함을 구하거든 일심으로 이 진언을 외우시오.

3. 보발수진언(寶鉢手眞言)

옴 기리기리 바아라 훔 바탁

뱃속에 있는 모든 병고를 없애기를 원하거든 일심으로 이 진언을 외우시오.

4. 보검수진언(寶劒手眞言)

옴 데세데야 도미니 도데

삿다야 훔 바탁

모든 잡귀나 귀신들을 항복받고 물리치려거든 일심으로 이 진언을 외우시오.

5. 바아라수진언(跋抒羅手眞言)

옴 이베이베 이야 마하 시리예

사바하

천마외도의 무리들을 항복받고자 하거든 일심으로 이 진언을 외우시오.

6. 금강저수진언(金剛杵手眞言)

옴 바아라 아니바라 납다야

사바하

중생을 괴롭히는 모든 적을 물리쳐 없애려거든 일심으로 이 진언을 외우시오.

7. 시무외수진언(施無畏手眞言)

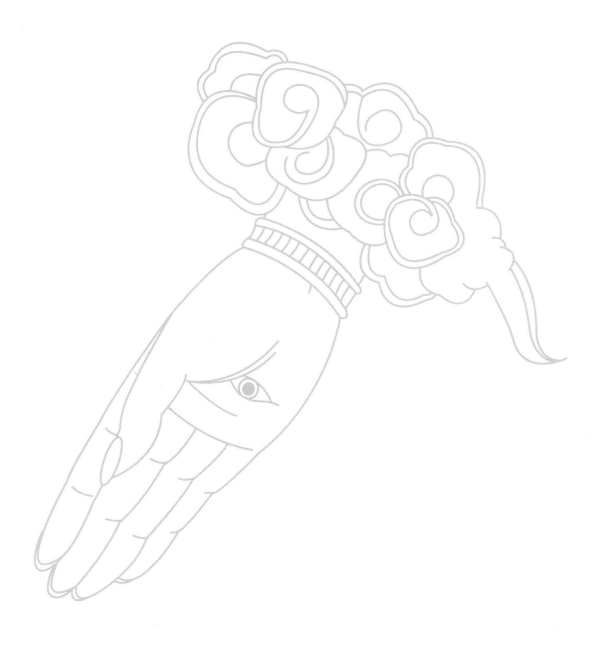

옴 아라나야 훔 바탁

그 어디에 있어도 두려움없이 편안해지기를 원하거든 일심으로 이 진언을 외우시오.

8. 일정마니수진언(日精摩尼手眞言)

옴 도비가야 도비바라 바리니

사바하

앞을 보지 못하는 사람이 밝은 광명을 구하려거든 일심으로 이 진언을 외우시오.

9. 월정마니수진언(月精摩尼手眞言)

옴 소싯디 아리 사바하

열병이 들어 고통받는 사람이 청량함을 구하려거든 일심으로 이 진언을 외우시오.

10. 보궁수진언(寶弓手眞言)

옴 아자미례 사바하

높고 귀한 벼슬에 속히 오르기를 원하거든 일심으로 이 진언을 외우시오.

11. 보전수진언(寶箭手眞言)

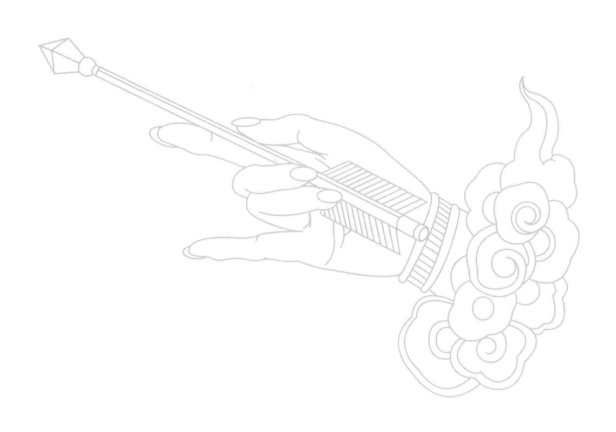

옴 가마라 사바하

귀인이나 좋은 벗을 만나기를 원하거든 일심으로 이 진언을 외우시오.

12. 양류지수진언(楊柳枝手眞言)

옴 소싯지 가리바리 다남타
목다에 바아라 바아라 반다
하나하나 훔 바탁

모든 병마를 물리치고 신통한 약초를 구하려거든 일심으로 이 진언을 외우시오.

13. 백불수진언(白拂手眞言)

옴 바나미니 바아바데 모하야

아아 모하니 사바하

모든 악귀들의 장난을 없애고 항복 받으려거든 일심으로 이 진언을 외우시오.

14. 보병수진언(寶甁手眞言)

옴 아례 삼만염 사바하

많은 사람이 화합하고 단결을 원하거든 일심으로 이 진언을 외우시오.

15. 방패수진언(防牌手眞言)

옴 약삼나나야 전나라 다노발
야 바사바사 사바하

무서운 맹수나 사나운 짐승들을 물리치려거든 일심으로 이 진언을 외우시오.

16. 월부수진언(鉞斧手眞言)

옴 미라야 미라야 사바하

부득이한 사정으로 송사가 걸려 관재소멸을 원하거든 일심으로 이 진언을 외우시오.

17. 옥환수진언(玉環手眞言)

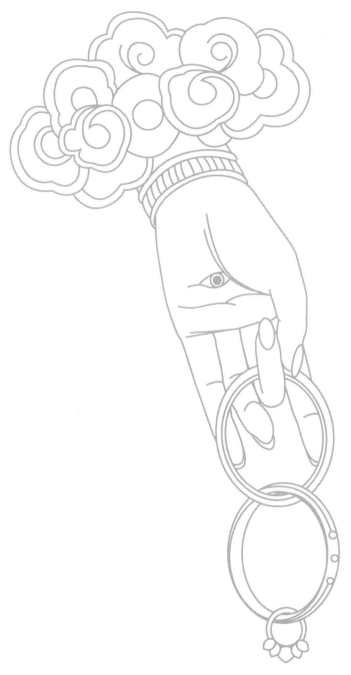

옴 바나맘 미라야 사바하

모든 사람이 복종하고 따르기를 원하거든 일심으로 이 진언을 외우시오.

18. 백련화수진언(白蓮花手眞言)

옴 바아라 미라야 사바하

많은 공덕을 쌓아서 아름다움을 성취하려거든 일심으로 이 진언을 외우시오.

19. 청련화수진언(靑蓮花手眞言)

옴 기리기리 바아라 불반다
훔 바탁

시방세계 불국정토에 나기를 원하거든 일심으로 이 진언을 외우시오.

20. 보경수진언(寶鏡手眞言)

옴 미보라 나락사 바아라

만다라 훔 바탁

위없는 지혜를 모두 얻기를 원하거든 일심으로 이 진언을 외우시오.

21. 자련화수진언(紫蓮花手眞言)

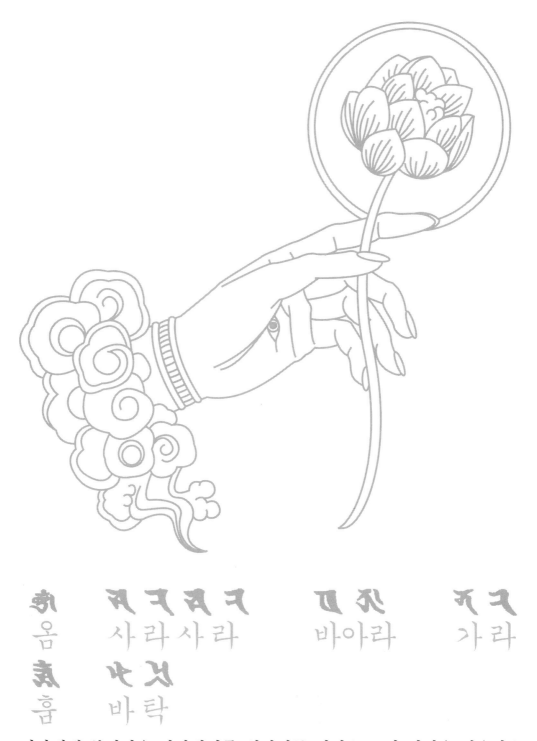

옴 사라사라 바아라 가라

훔 바탁

시방세계 부처님을 만나뵙기를 원하거든 일심으로 이 진언을 외우시오.

22. 보협수진언(寶篋手眞言)

옴 바아라 바사가리 아나맘나
훔

깊은 땅속에 있는 보물을 구하려거든 일심으로 이 진언을 외우시오.

23. 오색운수진언(五色雲手眞言)

옴 바아라 가리라타 맘타

신선의 도를 모두 성취하려거든 일심으로 이 진언을 외우시오.

24. 군지수진언(君遲手眞言)

옴 바아라 서가로타 맘타

범천궁에 태어나기를 원하거든 일심으로 이 진언을 외우시오.

25. 홍련화수진언(紅蓮花手眞言)

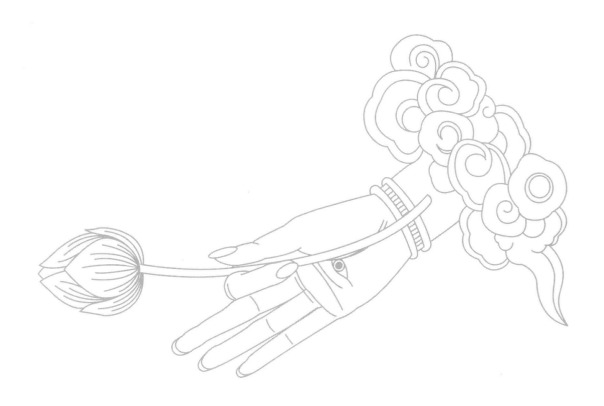

옴   상아례   사바하

제천궁에 태어나기를 원하거든 일심으로 이 진언을 외우시오.

26. 보극수진언(寶戟手眞言)

옴 삼매야 기니하리 훔 바탁

사방에서 몰려오는 적들을 물리치려거든 일심으로 이 진언을 외우시오.

27. 보라수진언(寶螺手眞言)

옴 상아례 마하 삼만염 사바하

제천이나 천신을 불러 보려거든 일심으로 이 진언을 외우시오.

28. 촉루장수진언(髑髏杖手眞言)

옴 도나 바아라 학

귀신의 무리를 복종시키려거든 일심으로 이 진언을 외우시오.

29. 수주수진언(數珠手眞言)

나모라 다나다라야야 옴 아나바

제 미아예 싯디 싯달제 사바하

시방세계에 계시는 불보살들을 속히 친견하기를 원하거든 일심으로 이 진언을 외우시오

30. 보탁수진언(寶鐸手眞言)

나모 바나맘 바나예 옴 아미리

담암배 시리예 시리 탐리니 사바하

부처님의 묘법을 모두 다 깨달아 성취하기를 원하거든 일심으로 이 진언을 외우시오

31. 보인수진언(寶印手眞言)

옴 바아라 네담 아예 사바하

변재를 얻어 막힘이 없이 말을 잘 하려거든 일심으로 이 진언을 외우시오.

32. 구시철구수진언(俱尸鐵鈎手眞言)

옴 아가로 다라가라 미사예

나모 사바하

선신이나 용왕이 보호해 주기를 원하거든 일심으로 이 진언을 외우시오.

33. 석장수진언(錫杖手眞言)

옴 날지 날지 날타바지날제

나야바니 훔 바탁

자비심으로 어리석은 중생을 구제하려거든 일심으로 이 진언을 외우시오.

34. 합장수진언(合掌手眞言)

옴 바나만 아링하리

귀신도 짐승도 인비인도 공경함을 원하거든 일심으로 이 진언을 외우시오.

35. 화불수진언(化佛手眞言)

옴 전나라 바맘타 이가리

나기리 나 기 니 훔 바탁

항상 부처님의 회상에 나기를 원하거든 일심으로 이 진언을 외우시오.

36. 화궁전수진언(化宮殿手眞言)

옴 미사라 미사라 훔 바탁

부처님의 궁전에 있고 태를 빌려 나지 않으려거든 일심으로 이 진언을 외우시오.

37. 보경수진언(寶經手眞言)

옴 아하라 살바미냐 다라

바니데 사바하

많이 듣고 배워 널리 알리기를 원하거든 일심으로 이 진언을 외우시오.

38. 불퇴금륜수진언(不退金輪手眞言)

옴 　 서나미자 　 사바하

이 몸 다하여 부처님 몸 받기를 원하거든 일심으로 이 진언을 외우시오.

39. 정상화불수진언(頂上化佛手眞言)

옴   바아라니   바아람예   사바하

부처님이 속히 오시어 마정수기 하심을 원하거든 일심으로 이 진언을 외우시오.

40. 포도수진언(葡萄手眞言)

옴 아마라 검제이니 사바하

모든 곡식들이 알알이 영글어 풍성함을 원하거든 일심으로 이 진언을 외우시오.

41. 감로수진언(甘露手眞言)

옴 소로소로 바라소로 바라소로

소로소로야 사바하

고통 받는 일체 중생을 구원하는 감로수를 구하려거든 일심으로 이 진언을 외우시오

42. 총섭천비수진언(總攝千臂手眞言)

다냐타 　바로기예 　사바라야

살바도따 　오하야미 　사바하

삼천대천세계 모든 마구니들을 물리치고 항복 받기를 원하거든 일심으로 이 진언을
외우시오.

◆무비(如天 無比) 스님

· 전 조계종 교육원장.
· 범어사에서 여환스님을 은사로 출가.
· 해인사 강원 졸업.
· 해인사, 통도사 등 여러 선원에서 10여년 동안 안거.
· 통도사, 범어사 강주 역임.
· 조계종 종립 은해사 승가대학원장 역임.
· 탄허스님의 법맥을 이은 강백.
· 화엄경 완역 등 많은 집필과 법회 활동.

▶저서와 역서

·『금강경 강의』,『보현행원품 강의』,『화엄경』,『예불문과 반야심경』,
 『반야심경 사경』외 다수.

觀世音菩薩四二手呪

초 판 발행일 · 2008년 10월 21일
9판 펴낸날 · 2022년 1월 25일
감   수 · 무비스님
펴낸이 · 이규인
펴낸곳 · 도서출판 窓
등록번호 · 제15-454호
등록일자 · 2004년3월 25일

주소 · (121-885) 서울특별시 마포구 대흥로 4길 49, 1층(용강동, 월명빌딩)
전화 · 322-2686, 2687/팩시밀리 · 326-3218
e-mail · changbook1@hanmail.net
홈페이지· www.changbook.co.kr

ISBN 978-89-7453-162-1   04220
정가 12,000원

* 파손된 책은 구입하신 서점이나 《도서출판 窓》에서 바꾸어 드립니다.
☞ 염화실(http://cafe.daum.net/yumhwasil)에서 무비스님의 강의를 들을 수 있

관세음보살사십이수주 (무량공덕
사불)
참   12,000

9788974531621

창(도서출판)